D1493014

I Rose a Mike

Cyhoeddwyd gyntaf yn Saesneg o dan y teitl *In the Country*
gan Wasg Prifysgol Rhydychen, Great Clarendon Street. Rhydychen OX2 6DP.
© Gwasg y Dref Wen, 2007
© y testun Oxford University Press, 2001
© y lluniau Benedict Blathwayt ,2001
Mae'r awdur/arlunydd wedi datgan ei hawl moesol.

Argraffwyd yn China

Benedict Blathwayt

Yn y Wlad

In the Country

Trosiad gan Elin Meek

DREF WEN

Dyma lle rydyn ni'n byw

cae

coedwig

nant

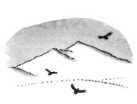

clogwyn

cwm

pentref

rhaeadr

mynydd

fforest

traeth

bryn

ffordd

7

Dyma ein fferm ni

ysgubor

ffermdy

stabl

giât

beudy

pwll dŵr

seilo

trochdrwyth defaid

ffens

wal

cwt ieir

pont

9

Mae gwaith i bawb

bwced

ci defaid

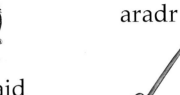

aradr

dril hadau

berfa

brws

tractor

byrnwr

hof

rhaw

tryc agored

bugail

rhaca

fforch

11

Mae'r gwanwyn wedi dod

blodau

gwenynen

blaguryn

egin

nyth

broga

lindysyn

enfys

oen

hwyaden fach

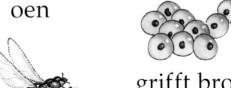

penbyliaid

gwas y neidr

grifft broga

buwch goch gota

13

Anifeiliaid o gwmpas y fferm

dafad

cwningen

iâr

hwyaden

ceiliog

buwch

merlen

gwennol

cath

cadno/
llwynog

hebog

carw

15

Mynd yn y cwch

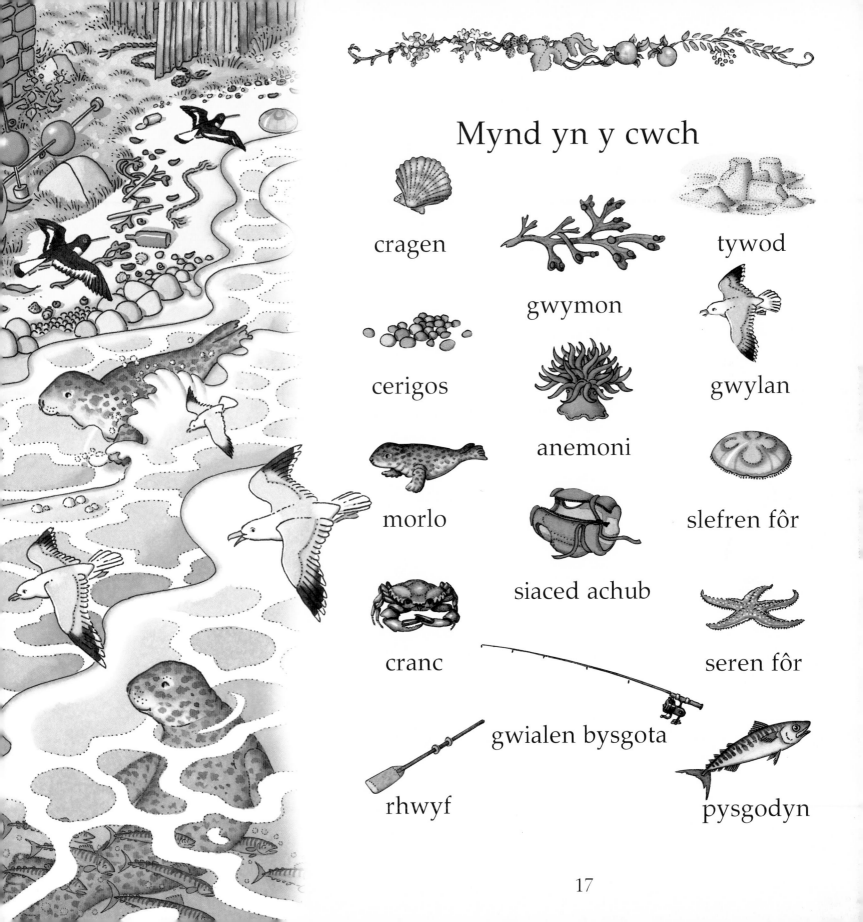

cragen

gwymon

tywod

cerigos

anemoni

gwylan

morlo

slefren fôr

siaced achub

cranc

seren fôr

gwialen bysgota

rhwyf

pysgodyn

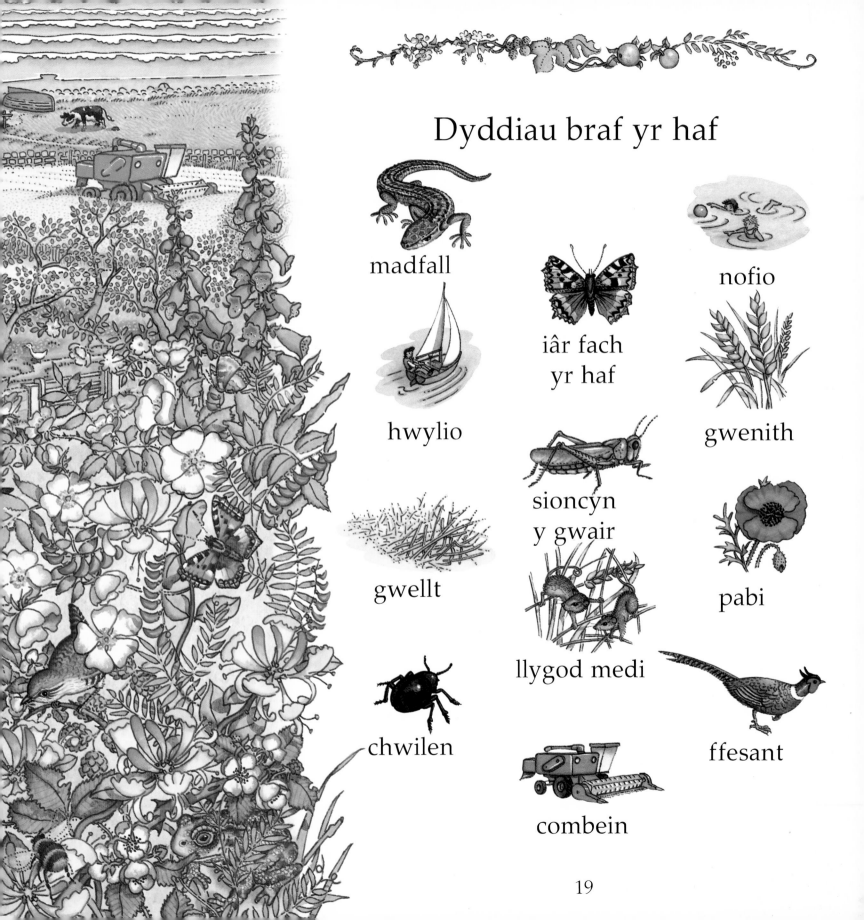

Dyddiau braf yr haf

madfall

nofio

iâr fach
yr haf

gwenith

hwylio

gwellt

sioncyn
y gwair

pabi

llygod medi

chwilen

ffesant

combein

19

Bwyd o'r fferm

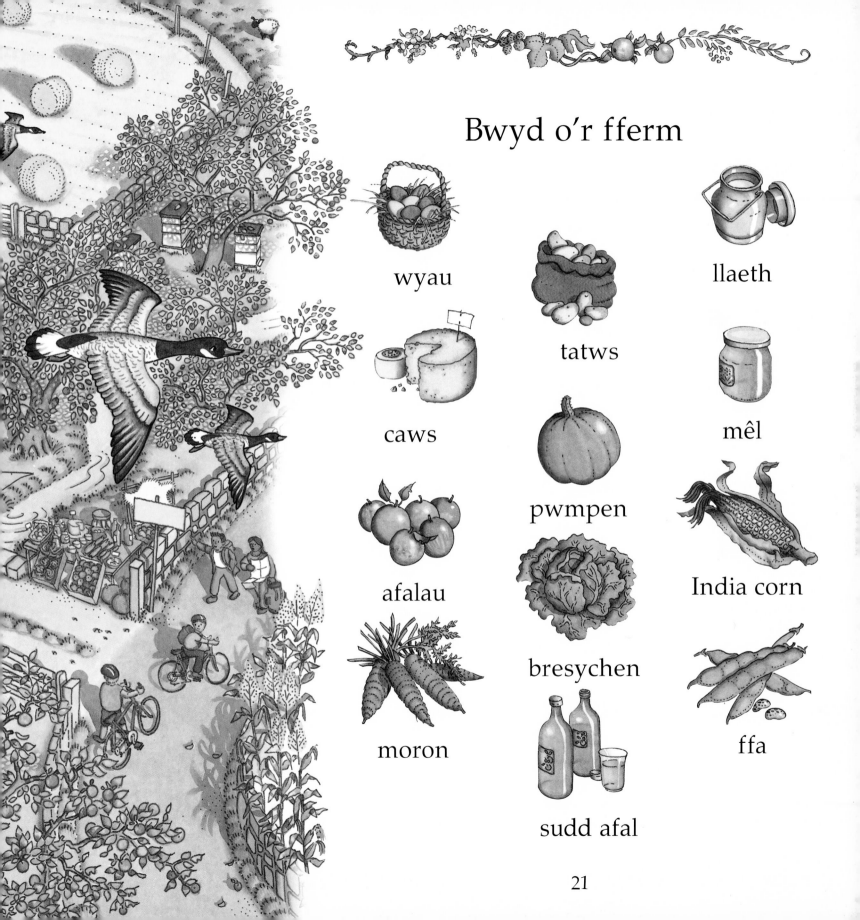

wyau

tatws

llaeth

caws

mêl

pwmpen

afalau

India corn

bresychen

moron

ffa

sudd afal

Noson o hydref

coelcerth

cneuen

mwyaren

llygoden

gwiwer

castan

ysguthan

egroesen

caws llyffant

gwyddau

mesen

dail crin

Gwynt y gaeaf

eira

boncyffion

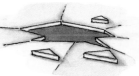

rhew

lamp

bwrn gwair

esgidiau
glaw

llif

het wlân

bwyell

preseb

menig

tylluan

Mynegai *Index*

A
afalau *apples* 21
anemoni *anemone* 17
aradr *plough* 11

B
berfa *wheelbarrow* 11
beudy *cow shed* 9
blaguryn *bud* 13
blodau *blossom* 13
boncyffion *logs* 25
bresychen *cabbage* 21
broga *frog* 13
brws *brush* 11
bryn *hill* 7
bugail *shepherd* 11
buwch *cow* 15
buwch goch gota *ladybird* 13
bwced *bucket* 11
bwrn gwair *hay bale* 25
bwyell *axe* 25
byrnwr *baler* 11

C
cadno *fox* 15
cae *field* 7
carw *deer* 15
castan *chestnut* 23
cath *cat* 15
caws *cheese* 21
caws llyffant *toadstool* 23
ceiliog *cockerel* 15
ci defaid *sheepdog* 11
clogwyn *cliff* 7
cneuen *hazelnut* 23
coedwig *wood* 7
coelcerth *bonfire* 23
combein *combine harvester* 19
cragen *shell* 17
cranc *crab* 17
cwm *valley* 7
cwningen *rabbit* 15
cwt ieir *hen house* 9

CH
chwilen *beetle* 19

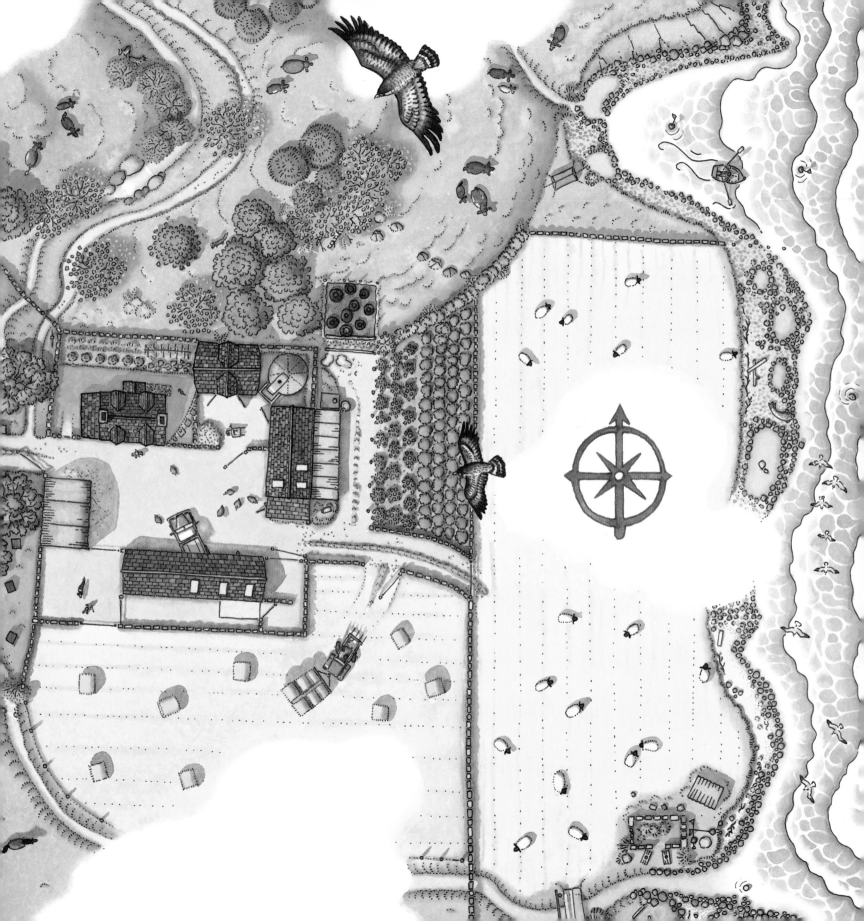